NOTICE

SUR

M. L'ABBÉ J.-L.-A.-M. LOCHET

VICAIRE A NOTRE-DAME DE LA COUTURE

Par M. l'abbé F. PICHON

Chanoine honoraire, Secrétaire de l'Évêché du Mans

AU MANS
TYPOGRAPHIE LEGUICHEUX-GALLIENNE
15, RUE MARCHANDE, ET RUE BOURGEOISE, 16

1881

NOTICE

SUR

M. L'ABBÉ J.-L.-A.-M. LOCHET

VICAIRE A NOTRE DAME DE LA COUTURE

NOTICE

SUR

M. L'ABBÉ J.-L.-A.-M. LOCHET

VICAIRE A NOTRE-DAME DE LA COUTURE

Par M. l'abbé F. PICHON

Chanoine honoraire, Secrétaire de l'Évêché du Mans

AU MANS
TYPOGRAPHIE LEGUICHEUX-GALLIENNE
15, RUE MARCHANDE, ET RUE BOURGEOISE, 16

1881

NOTICE

SUR

M. L'ABBÉ J.-L.-A.-M. LOCHET

VICAIRE A NOTRE-DAME DE LA COUTURE

En nous empressant de répondre à l'attente des nombreux amis de M. l'abbé Lochet, nous n'avons point la prétention de donner aujourd'hui (1) une notice complète sur ce vénérable prêtre, dont les œuvres proclament si hautement le zèle et le dévouement; nous avons seulement voulu recueillir nos souvenirs sur un bien cher confrère que nous avons plus particulièrement connu et estimé.

I. M. Jacques-Louis-Antoine-Marie LOCHET (2) naquit à Notre-Dame-de-Torcé le 13 juin 1818, sous le patronage de

(1) Publiée dans la *Semaine du Fidèle*, le 12 novembre 1881.

(2) Il était fils de Jacques-René LOCHET et de Louise LOCHET; et petit neveu, si nous ne nous trompons, de M. l'abbé René RIVIÈRE, ancien oratorien, curé de Vouvray-sur-Huisne avant la Révolution, vicaire général de Mgr de Pidoll, helléniste et hébraïsant très distingué.

la très sainte Vierge dont il fut toute sa vie le très dévot serviteur (1).

Nous trouvons dans la préface d'un ouvrage qu'il a publié en 1848 (2) un bien touchant souvenir de son enfance : « Quand j'étais enfant, dit-il, il m'en souvient, j'aimais à courir « par la campagne avec les enfants de mon âge pour cueillir « de gros paquets de pâquerette blanche, d'aubifoin bleu, « de pentecôte rouge et de genêt aux fleurs d'or : puis la « moisson finie, je les apportais le soir à ma mère pour orner « notre petite chapelle à Marie. En échange de ces présents, « je recevais un baiser de ma mère ; et chaque fois j'enten- « dais que ma mère pleurait de joie et priait ainsi tout bas : « Bonne Vierge Marie, faites donc qu'il vous aime toujours « ainsi ; et quand il sera grand, et que je ne serai plus, soyez « vous-même la mère de mon fils. »

« Hélas ! ma mère depuis ce temps s'est endormie du som- « meil de l'éternité : moi j'ai grandi orphelin parmi les « hommes, bienheureux pourtant de n'avoir pas désappris à « aimer la bonne Vierge Marie. »

II. M. Lochet commença ses études au collège de Villedieu, diocèse de Blois, près de Ruillé-sur-Loir, sous la direction du bien estimable M. Desneux (3); il les continua au collège

(1) Les principaux ouvrages de M. Lochet sont dédiés à la très sainte Vierge : il a consacré un de ses essais poétiques à mettre en vers la paraphrase du *Salve Regina*. Cette paraphrase a paru dans le bulletin de la Société d'Agriculture, Sciences et Arts de la Sarthe, dont M. Lochet fut membre pendant plusieurs années, sous le titre : *Une Prière à la sainte Vierge*. Année 1860, page 60.

(2) Recherches sur l'histoire des confréries établies dans le diocèse du Mans avant 1791. Chez Gallienne, 1848, in-24.

(3) M. Desneux était le frère de M. l'abbé Louis Desneux, mort curé de

de Mamers (2), et il vint les achever au collège du Mans, où il eut le bonheur de trouver pour professeur de philosophie M. l'abbé Bouvet.

M. Bouvet, par ses talents et sa vive imagination, donnait à son cours un vif intérêt : il aimait ses élèves et savait mériter leur affection. Un grand nombre de jeunes gens durent à ses enseignements de philosophie chrétienne de conserver et d'affermir leur foi. Plusieurs, restés au Mans, formèrent le noyau de la société de Saint-Vincent-de-Paul et ont continué à mener dans le monde une vie vraiment chrétienne.

M. Lochet ne songeait pas non plus tout d'abord à s'engager dans l'état ecclésiastique. Après avoir terminé ses études il entra chez M. Lecouteux, avoué au Mans, devenu depuis président du tribunal civil et mort au Mans dans une extrême vieillesse. Malgré toutes les raisons de dissentiment qui pouvaient exister entre eux, M. Lecouteux conserva jusqu'à la fin les meilleures relations avec son ancien clerc, auquel il avait voué une affectueuse estime.

III. Après quelques années seulement passées dans le monde, M. l'abbé Lochet sentit que la divine Providence lui

---

Connerré en 1857, et le père du docteur Desneux, médecin à Saint-Calais. Dans cette pension de Villedieu, M. Lochet eut pour condisciples un grand nombre de jeunes gens qui entrèrent plus tard dans les ordres sacrés, soit dans le diocèse du Mans, soit dans le diocèse de Blois.

(2) Le 23 juillet 1878, M. l'abbé Lochet donna l'hospitalité aux élèves du collège de Mamers et à leurs maîtres venus en pèlerinage à Notre-Dame de Torcé. « *Cette visite amie réveilla l'ardeur et la muse endormie* » du vieux condisciple qui sut dans des vers improvisés donner d'excellents conseils à son jeune auditoire. Ces vers ont été imprimés par MM. Fleury et Dangin, qui, par la beauté de la typographie, ont relevé le charme de cette inspiration poétique. In-8° de 4 pages, 1878.

offrait un but plus noble que celui de veiller sur les intérêts matériels des hommes. Elle l'appelait à l'honneur de travailler à la gloire de Dieu et au salut des âmes. Ayant perdu son père, et libre désormais de suivre sa vocation, il entra au séminaire au mois d'octobre 1838; et comme il avait fait sa philosophie au collège du Mans, il commença immédiatement l'étude de la théologie, sous la direction de M. l'abbé Chevereau qui devint son ami et son confesseur. Leurs intimes relations ne cessèrent qu'à la mort, au mois de mai 1880, du vénérable M. Chevereau, devenu depuis longtemps vicaire général.

M. l'abbé Lochet fut ordonné prêtre à Laval, par Mgr Bouvier, le 18 septembre 1841, et quelque temps après nommé vicaire à Yvré-le-Pôlin, où il ne resta que deux années. Il avait été donné comme suppléant à un vénérable vieillard, M. l'abbé Simon GAUDIN, incapable de continuer l'exercice du saint ministère. M. Gaudin avait eu le malheur de prêter serment à la constitution civile du clergé ; mais il continuait d'expier sa faute par une rigoureuse pénitence ; et M. l'abbé Lochet ne pouvait se rappeler sans attendrissement le souvenir de ce respectable vieillard (1).

IV. Le 1er janvier 1843 (2), M. l'abbé Lochet prit possession du vicariat de Notre-Dame de la Couture au Mans. Dans cette immense paroisse de près de 15,000 âmes, le ministère ordi-

(1) M. Gaudin décéda le 4 octobre 1842, dans sa 88e année.

(2) C'est au moment où il allait prendre possession de son nouveau vicariat, et lorsqu'il se faisait une grande joie de vivre avec sa mère si pieuse et si bonne, que M. Lochet eut la douleur de la perdre.

naire semble bien capable d'occuper seul le zèle du prêtre le plus dévoué et le plus actif. Presque chaque matinée se trouve prise par des services religieux ou des sépultures. La visite des malades, les confessions, le soin de préparer les catéchismes ou la prédication forment une suite nécessaire et sans cesse renouvelée d'occupations pour le prêtre soigneux de remplir fidèlement son saint ministère (1).

Tout en accomplissant exactement ces obligations, dont rien ne pouvait le dispenser, M. l'abbé Lochet trouva le moyen de multiplier ses œuvres de zèle.

Ami et condisciple des fondateurs de la société de Saint-Vincent-de-Paul, il encouragea de toute son influence cette institution si utile pour ceux qui en font partie et pour tous ceux qui sont l'objet de son action bienfaisante. Parmi les œuvres de la conférence il s'occupa plus spécialement des apprentis patronnés. Il se sentait un attrait tout spécial pour les jeunes gens, et de leur côté ces derniers étaient attirés par un dévouement que rien ne décourageait.

Sa maison leur était toujours ouverte : presque tous les soirs on y voyait réunis des employés de commerce, des ouvriers, des jeunes gens attachés aux administrations civiles, des militaires, etc., qui venaient causer et passer ensemble quelques heures pleines d'agrément et d'un laisser-aller que la présence du maître de la maison empêchait de dégénérer en licence. Ils étaient assurés de trouver toujours l'accueil le

(1) M. l'abbé Lochet a procuré à l'église Notre-Dame de la Couture le magnifique tapis qui couvre tout le sanctuaire dans les grandes solennités, et qui, sur les dessins donnés par M. Bourdon, fut brodé par un grand nombre de dames, lesquelles en firent tous les frais. Il était le directeur de la bibliothèque paroissiale, aux développements de laquelle il a travaillé avec son zèle et sa persévérance ordinaires.

plus cordial ; et, dans des épanchements plus intimes, les bons conseils dont ils avaient souvent besoin dans leurs difficultés ou leurs peines. De telles réunions passagères peuvent avoir quelque agrément pour celui qui les provoque et qui les reçoit ; mais quand elles se répètent chaque semaine, presque chaque jour, malgré les fatigues et les préoccupations qui peuvent survenir par ailleurs, et qu'il faut s'y prêter lorsqu'on aurait le plus besoin d'être seul et libre, elles deviennent une œuvre d'un grand mérite et d'un grand dévouement.

Ces réunions ont été l'origine du cercle qui se forma vers 1856 au local de la conférence de Saint-Vincent-de-Paul, dans la Grande-Rue, et dont M. l'abbé Lochet fut le principal promoteur et l'un des bienfaiteurs en contribuant à former la bibliothèque et le mobilier de ce cercle.

V. Une autre œuvre bien chère à M. l'abbé Lochet fut celle des militaires. Les casernes sont situées sur la paroisse de Notre-Dame de la Couture : en l'absence d'aumônier militaire, le soin spirituel des soldats était donc à proprement parler une œuvre paroissiale.

Pour avoir quelques relations avec les militaires, il fonda une bibliothèque mise exclusivement à leur usage, et il l'établit dans une salle située au rez-de-chaussée des tours de l'église de Notre-Dame de la Couture. Chaque soir, à 6 heures, il se rendait à la bibliothèque, et il y restait une heure entière, recevant les livres prêtés, en donnant d'autres, et surtout trouvant l'occasion de causer plus intimement avec les soldats qui venaient le trouver.

La persévérance est la pierre de touche du véritable zèle Il était impossible de ne pas l'admirer dans M. l'abbé

Lochet. Pendant sept années, nous l'avons vu se rendre chaque soir à la bibliothèque militaire, abandonnant souvent des réunions d'amis, après son dîner qui à cette époque avait lieu à cinq heures, ne voulant pas se faire remplacer, parce qu'il pensait, avec raison, que si quelqu'un pouvait recevoir ou donner des livres, aucun autre ne pouvait le suppléer pour le but essentiel qu'il se proposait : dire une parole d'édification ou d'encouragement au moment favorable, qui souvent ne se représente plus quand on l'a laissé passer.

Les résultats d'un zèle si persévérant furent très consolants. Dans la notice qu'il a consacrée à M. Lavergne, colonel du 9e régiment de dragons (1), M. Lochet fait allusion à la création de cette œuvre des militaires : « On sait, dit-il, « avec quelle joie M. le colonel Lavergne se rendit aux « désirs de Mgr Bouvier en favorisant l'établissement de l'œu- « vre (2) des militaires dans la ville épiscopale. Oh ! disait-il un « jour à celui qui écrit ces pages, combien je serais « heureux de voir tous mes soldats suivre votre école. Quand « on est façonné à la discipline chrétienne, on ne fait plus « guère d'infractions à la discipline militaire. »

On comprend combien était puissant sur l'esprit des soldats l'exemple d'un chef « qui ne laissait échapper aucune occa- « sion de manifester ouvertement son respect pour tout ce « qui touche aux grands intérêts de la religion;..... dont « l'estime et la vénération pour les ministres de l'Eglise ne

---

(1) *M. Lavergne, colonel du 9e régiment de dragons*, in-8°, 1853.

(2) M. Germainville, simple laïque de Paris, avait fondé cette œuvre des écoles militaires : grâce aux soins de cet homme si dévoué elle se propagea dans toute la France.

« furent jamais douteuses. » Dans un tel régiment, l'exercice du saint ministère était aussi facile que consolant.

Plusieurs autres régiments offrirent les mêmes consolations religieuses. Nous trouvons dans un autre ouvrage de M. l'abbé Lochet (1) le récit d'un pèlerinage fait à N.-D. de Torcé avec un certain nombre de soldats d'un régiment de lanciers. « Le 24 juin 1855, une députation des conférences « de Saint-Vincent-de-Paul de la ville du Mans, les membres « du patronage et les apprentis patronnés, le cercle de Saint- « Vincent-de-Paul formé dans la même ville et plusieurs mi- « litaires du 6e régiment de lanciers, qui tenait alors garni- « son dans la ville du Mans, conçurent la pieuse pensée « d'offrir à la mère de Dieu l'hommage d'une tendre prière « et de lui payer un tribut de vénération filiale. Ce fut un « édifiant spectacle pour tout le peuple fidèle, de voir tous « ces pèlerins des différentes classes de la société, ces « hommes de divers âges, au nombre de plus de soixante, « s'approcher de la table sainte avec un recueillement pro- « fond et rendre ainsi ce pèlerinage fructueux pour le bien « de leurs âmes. »

En avouant que ce ministère n'offrait pas toujours les mêmes consolations, nous ne ferons que compléter l'éloge du prêtre qui s'y dévouait avec tant d'abnégation. A un régiment bien disposé, en succédait un autre plus indifférent. Il fallait recommencer sur de nouveaux frais et avec des succès bien moindres. Toujours du moins il avait la consolation d'offrir aux soldats désireux de remplir leurs devoirs religieux un moyen de se réunir et de se soutenir les uns les autres.

---

(1) Manuel du pèlerin à N.-D. de Torcé, p. 83. M. l'abbé Lochet n'oublie qu'une seule chose dans son récit : c'est de dire qu'il était le promoteur de ce pieux pèlerinage.

Par ses bons conseils, par ses relations quotidiennes avec les soldats, il avait l'assurance de soutenir de pauvres jeunes gens bien abandonnés et exposés à de terribles tentations, et le plaisir de les voir pleins de reconnaissance pour le bien qu'on essayait de leur faire et pour l'intérêt qu'on leur témoignait.

Cette œuvre des militaires fut supprimée à la fin de l'Empire. Le gouvernement, engagé par suite de la guerre d'Italie dans toutes les difficultés de la question romaine, et sentant bien qu'il avait blessé les sentiments catholiques, prit ombrage des relations que les soldats pouvaient avoir avec des ecclésiastiques : il supprima les écoles des œuvres militaires et il défendit aux soldats de fréquenter les bibliothèques religieuses fondées en leur faveur.

Que ne nous est-il permis de dépouiller la correspondance que M. l'abbé Lochet entretint avec les soldats qui avaient passé au Mans ou avec leurs familles? Nous y retrouverions une foule de récits pleins d'édification et d'intérêt. Nous pouvons du moins faire appel à nos propres souvenirs et rappeler quelques-unes des histoires des soldats avec lesquels il se trouva en relation.

Un jour il voyait arriver chez lui un dragon appartenant à une excellente famille de négociants en soieries de Lyon. L'oncle de ce soldat voulait qu'il embrassât l'état ecclésiastique et lui avait fait faire toutes ses études. Mais le jeune homme, qui ne se sentait pas la vocation, le déclara à cet oncle lequel, plein de dépit, le fit immédiatement engager. Ce jeune soldat était fort intelligent et se conduisait fort bien : ses camarades de chambrée respectaient sa science et son énergie : il ne craignait pas de lire en leur présence le *Dogme générateur de la piété chrétienne* de Mgr Gerbet, et même de leur en faire admirer les plus beaux passages

M. l'abbé Lochet n'eut pas de peine à reconnaître que la détermination prise avait été un peu trop hâtive et qu'on pouvait faire mieux que de laisser finir l'engagement contracté. Il traita l'affaire avec l'oncle qui s'apaisa facilement, racheta son neveu, et l'envoya à Londres pour se familiariser avec la langue anglaise, avant de l'envoyer à Shang-Haï pour représenter une maison de soieries de Lyon. A son retour de Londres, l'ancien dragon s'arrêta au Mans pour revoir M. l'abbé Lochet et lui raconter comment il s'était familiarisé avec la langue anglaise en soutenant mainte controverse religieuse contre des protestants.

Une autre fois, on lui adressait un jeune homme, licencié en droit, obligé de s'engager par suite de quelques folies de jeunesse. Grâce à M. l'abbé Lochet, le pauvre jeune homme, bien dépaysé dans une caserne, fut soutenu et encouragé. Après quelques mois passés au Mans, on put lui trouver un remplaçant; et ce jeune homme, plein de talent et des qualités les plus remarquables, a pu faire un établissement que sa famille eût à peine osé espérer. Il a ensuite occupé dans l'administration civile des positions très importantes (1).

M. l'abbé Lochet n'exerça pas seulement une heureuse influence auprès des simples soldats de la ville du Mans. Beaucoup d'officiers se trouvèrent aussi en rapport avec lui, et nous savons qu'un grand nombre d'entre eux eurent avec lui les relations les plus amicales et en ont conservé le meilleur souvenir.

(1) Nous ne saurions oublier un autre militaire, protégé aussi de M. l'abbé Lochet, mais dans des conditions bien différentes. M. Antoine Chevalier, en sortant du régiment, fut reçu dans la maison de M. Lochet, qui le traita comme un fils; il put continuer ses études et entrer ensuite au grand séminaire du Mans. Il est aujourd'hui religieux profès de la Grande-Chartreuse.

VI. A la fin de l'année 1857, M. l'abbé Lochet fut nommé aumônier titulaire des prisons du Mans. Ce fut un nouveau théâtre pour déployer son zèle (1). En outre de la messe obligatoire le dimanche pour les prisonniers, il établit quelques exercices de piété qui occupaient les longues heures de la soirée du dimanche. A la fin du Carême il multipliait les instructions religieuses pour préparer les condamnés à approcher des sacrements; et plusieurs fois il eut la consolation de voir Nos Seigneurs Nanquette, Fillion et d'Outremont, évêques du Mans, venir distribuer la communion pascale aux pauvres prisonniers.

Sans se faire aucune illusion sur le peu de résultat probable de ses efforts, il s'efforça plusieurs fois de prêter un charitable appui aux libérés pour lesquels, à la sortie de la prison, surgissent tant d'obstacles, lors même qu'ils veulent sérieusement se bien conduire. Nous avons eu particulièrement connaissance de ce qu'il fit pour sauver et réhabiliter un libéré, soumis à la haute surveillance de la police par suite de nombreuses condamnations, mais à qui l'on n'avait réellement à reprocher que le vagabondage. Cet homme avait reçu une instruction plus qu'ordinaire. M. l'abbé Lochet

(1) Avant même d'être aumônier titulaire il fut appelé à donner son concours pour préparer un condamné à mort, avec lequel il passa de longues heures enfermé dans son cachot. Un jour il lui avait fait une exhortation si touchante que le pauvre condamné se jeta à son cou pour l'embrasser. M. l'abbé Lochet ne put retenir une première impression de frayeur en se voyant serré par les chaînes de son pénitent. Il savait qu'il n'est pas sans exemple que des condamnés aient commis un nouveau crime pour prolonger leur vie de quelques mois. Ce n'était heureusement point l'intention du malheureux qu'il assistait, lequel mourut plein de repentir et de confiance en la miséricorde divine.

l'occupa d'abord à faire des copies : il le fit ensuite entrer comme commis chez un négociant du Mans, et il obtint un notable adoucissement aux exigences de la surveillance de la police. Pendant plus d'une année ses efforts furent couronnés de succès : on pouvait espérer que le libéré, placé dans une position convenable à tous les points de vue, allait enfin se réhabiliter. Malheureusement une nouvelle faute, non contre la probité, vint faire perdre toute espérance au libéré bien plus qu'à ses généreux protecteurs, et le lança de nouveau dans la triste série de ses misères et de ses condamnations.

VII. L'œuvre par excellence de M. l'abbé Lochet fut cependant celle des jeunes gens (1). Pendant trente-huit années il demeura chargé d'un des catéchismes de garçons dans l'immense paroisse de N.-D. de la Couture. De nombreuses générations d'enfants ont donc reçu de lui les premiers éléments de l'instruction religieuse, et ont été préparées à leur première communion. L'on sait combien les hommes, devenus souvent étrangers aux pratiques religieuses, se rappellent volontiers le prêtre qui leur a fait le catéchisme et qui les a préparés à leur première communion; et moins que tout autre le souvenir de M. l'abbé Lochet n'est resté indifférent aux nombreux enfants qu'il a instruits (2).

---

(1) Nous ne mentionnons que pour mémoire l'œuvre des Vieux Papiers à laquelle M. l'abbé Lochet consacra ses soins pendant plusieurs années, avec la coopération du bien estimable M. Du Raget, ancien directeur des contributions directes, et le concours de M. Leguicheux-Gallienne. Grâce à cette œuvre, il a pu détruire une infinité de mauvais livres, et apporter presque chaque mois une somme de cent francs à l'œuvre du denier de Saint-Pierre.

(2) En outre de ses catéchismes paroissiaux, M. l'abbé Lochet se chargea

Comme je l'ai dit, il s'était spécialement chargé de l'œuvre des jeunes apprentis patronnés par la conférence de Saint-Vincent-de-Paul de la ville du Mans.

Mais il gémissait sur le sort de tant de jeunes gens qu'on voit, presque immédiatement après leur communion, abandonner toute pratique religieuse, parce que rien ne les soutient contre les scandales de beaucoup d'ateliers, et contre les dangers des mauvaises sociétés le dimanche

Il pensa à grouper ensemble quelques jeunes gens franchement chrétiens pour former le noyau d'une association dans laquelle les jeunes ouvriers pourraient se soutenir et s'encourager mutuellement dans la pratique de la vertu, et trouver ensemble dans l'après-midi du dimanche une récréation honnête (1).

Le choix d'un local était d'une extrême importance pour la bonne réussite de l'œuvre. Il le fallait assez vaste pour que ces jeunes gens pussent s'y livrer à leurs jeux; assez rapproché du Mans pour qu'on pût s'y rendre facilement et en revenir le soir, même pendant l'hiver, et cependant assez isolé pour que le voisinage d'une grande ville ne devînt pas un inconvénient. Toutes ces qualités se trouvèrent réunies dans une propriété appartenant au séminaire du Mans, située dans l'ancien enclos des moines de Saint-Vincent. Mgr Fillion et les membres de l'administration du séminaire firent, le 12 août 1864, un accord avec M. l'abbé Lochet pour lui en céder la jouissance (2).

pendant bien des années de faire un cours d'instruction religieuse à la pension Fouqué, au Mans.

(1) Le règlement de l'Association des jeunes ouvriers de la ville du Mans, sous le patronage de N.-D. du Tertre, fut approuvé par Mgr Fillion le 27 septembre 1863. Petite brochure de 15 pages, publiée par Leguicheux-Gallienne 1863.

(2) A cette époque M. l'abbé Lochet assura par donation entre vifs au sémi-

Il n'existait sur cette propriété du Tertre Saint-Laurent qu'une maison de maître assez vaste mais malheureusement peu solide. M. Lochet y établit une chapelle provisoire, et quelques salles où les jeunes gens pouvaient se réunir pour quelques jeux ou pour la lecture. Le terrain a subi une transformation complète : de vastes préaux ont été affectés pour les jeux des jeunes gens divisés en deux sections suivant leur âge : un gymnase a été établi, et des plantations très bien entendues d'arbustes et de fleurs ont fait du Tertre Saint-Laurent un lieu de réunion rempli d'agréments.

L'œuvre de N.-D. du Tertre a nécessité des constructions nouvelles importantes : ce sont des salles assez vastes qui remplacent aujourd'hui celles établies primitivement dans l'ancienne maison d'habitation ; une demeure pour le portier chargé de garder et d'entretenir la propriété ; un vaste préau couvert servant de salle de récréation dans l'hiver et pendant les mauvais temps, et de lieu pour les réunions et les fêtes extraordinaires de l'Association.

Ces travaux et ces constructions n'ont pu se faire sans des frais assez considérables. La dépense la plus lourde cependant que M. l'abbé Lochet ait eu à supporter a été celle de la chapelle, bâtie sur les plans de M. l'architecte Rodier (1) dans des proportions vraiment grandioses, et sur un terrain de telle nature qu'il a fallu faire des frais énormes pour en consolider les fondements.

Malgré le concours qu'il a reçu pour ses œuvres, et spécialement pour celle de N.-D. du Tertre, la construction de

---

naire du Mans la possession de sa ferme de la Vannerie. Le don fut approuvé par un décret impérial du 27 décembre 1865.

(1) M. Rodier a été heureux de reconnaître l'appui et les encouragements qu'il avait reçus de M. l'abbé Lochet pendant sa jeunesse, en consacrant tous ses soins et ses talents d'architecte aux diverses constructions de N.-D. du Tertre.

cette chapelle a grevé bien lourdement et pendant plusieurs années le budget de M. Lochet, qui s'est imposé bien des privations pour faire face à ses engagements. Il avait déjà fait beaucoup pour l'orner et la pourvoir d'un mobilier et d'ornements sacrés ; son bonheur était de penser à ce qu'il pourrait faire dans l'avenir.

Ces soins matériels de l'œuvre n'avaient qu'un but : celui de travailler plus efficacement à ses progrès spirituels.

Tous les dimanches (1) après midi, vers trois heures, il se rendait au Tertre pour être au milieu de ses jeunes gens, jusque vers neuf heures, veillant au bon ordre, animant tout de sa présence si chère à tous les membres de l'association, et surtout ayant soin de leur adresser chaque dimanche, après le chant des vêpres de la sainte Vierge et avant le salut du très Saint Sacrement, une instruction, familière mais appropriée à leurs besoins, et relevée le plus souvent par une piquante originalité qui soutenait leur attention.

De temps en temps quelque fête donnait occasion de convoquer les bienfaiteurs de l'œuvre ou les familles des jeunes gens de l'Association : les préparatifs de ces fêtes, foires, représentations théâtrales, ou autres, occupaient pendant longtemps les principaux membres de l'Association et les intéressaient vivement.

Tous les ans M. l'abbé Lochet avait soin d'appeler un prêtre étranger pour prêcher les exercices d'une retraite préparatoire à la communion pascale ; et toutes les cérémonies religieuses

(1) Pour ne pas manquer ces réunions du dimanche, M. Lochet refusa plusieurs fois des invitations à dîner que lui firent ses amis les plus intimes et pour des occasions qui semblaient mériter une exception. La maladie seule lui paraissait une excuse suffisante.

étaient présidées par quelques membres du clergé de la ville, chanoines ou curés, qu'il était heureux d'associer et d'intéresser ainsi à son œuvre. Nous ne saurions ici oublier le concours et les encouragements que lui donnèrent Mgr Fillion et Mgr d'Outremont. Ces deux vénérables prélats voulurent bien présider à de nombreuses cérémonies religieuses, et prendre part à maintes fêtes, heureux d'encourager et le prêtre si dévoué qui dirigeait l'œuvre, et toutes les personnes qui la soutenaient de leurs sympathies et de leurs aumônes, et de se retrouver au milieu des jeunes gens chrétiens qui faisaient partie de cette association. Les parents n'étaient pas moins enchantés de ces témoignages de sympathie et de tout ce qu'on faisait pour leurs enfants : plusieurs ont retrouvé dans les réunions du Tertre les habitudes et les pratiques d'une vie vraiment chrétienne.

Comme dans toutes les œuvres dont nous avons déjà parlé, M. l'abbé Lochet a montré dans l'œuvre de Notre-Dame du Tertre le même esprit de persévérance, ne se rebutant d'aucun ennui, ni d'aucune déception inhérente à une pareille œuvre, malgré tout le bien qu'elle produisait et toutes les consolations qu'elle lui donnait. Il semait la bonne semence de la parole de Dieu et du dévouement infatigable au bien des jeunes gens, laissant à la divine Providence le soin de faire germer cette semence dans le cœur des jeunes gens qui semblaient même le moins répondre à ses bons soins.

IX. M. l'abbé Lochet était un archéologue distingué : bien avant l'engouement dont nous sommes témoins aujourd'hui pour les vieilles faïences, il avait su apprécier ces œuvres de l'art de nos pères, alors assez peu goûtées, et il en avait recueilli une collection remarquable (1). Souvent aussi il découvrit, dans quelque réduit obscur d'un presbytère ou d'une sacristie, de vieilles statues en bois ou en terre cuite, mutilées, défigurées par un affreux badigeon, ou quelque fragment d'anciens ornements sacrés. Il a sauvé d'une destruction certaine plusieurs de ces vénérables débris, faisant restaurer les vieilles statues ou réparer les ornements quand il était possible d'en utiliser quelque partie. Très connaisseur en dentelles, guipures ou tavaïoles, dont il possédait de très beaux échantillons, il aurait pu sous ce rapport en remontrer aux dames les plus au courant de ces questions qui intéressent si vivement la toilette féminine.

En échange des objets qu'on voulait bien lui céder, il faisait réparer les ornements sacrés ou même il en fournissait de presque neufs, confectionnés par des dames dévouées, qui lui prêtaient leur concours, et qui trouvaient le moyen d'utiliser des portions d'ornements recueillis çà et là et remis à neuf par leurs soins.

Ce fut l'origine de l'œuvre des églises pauvres, aujourd'hui installée rue du Bourg-d'Anguy, à l'orphelinat de l'Enfant-Jésus, et qui, sous la direction de M. l'abbé Lochet et avec le concours d'un grand nombre de dames pieuses, distribue chaque année beaucoup de linge et d'ornements sacrés aux églises pauvres du diocèse. Cette œuvre a reçu une petite dotation qui en assure l'avenir, même après que son zélé fondateur aura cessé de pouvoir la diriger.

---

(1) Il a vendu les plus beaux échantillons de ses vieilles faïences pour se procurer des ressources pour la chapelle de Notre-Dame du Tertre. Il se priva aussi, pour le même objet, de toute son argenterie qu'il se décida à vendre.

X. Il semble que des œuvres si multipliées, jointes au ministère sacré dans l'immense paroisse de Notre-Dame de la Couture, dussent absorber tous les instants libres de M. l'abbé Lochet. Par une sage économie de son temps, il trouvait cependant le moyen de se livrer à des travaux littéraires.

Au commencement de son ministère au Mans, lorsqu'il était encore beaucoup moins occupé, M. l'abbé Lochet avait fait de nombreuses recherches dans les archives de la Préfecture et à la bibliothèque de la ville : il amassait ainsi de précieux documents dont il devait plus tard trouver l'emploi. Pendant les quelques jours de vacances qu'il prenait chaque année, il aimait à parcourir les archives paroissiales, les registres de baptêmes et mariages, les comptes des fabriques, chez MM. les curés qui l'invitaient à aller les visiter, et qui étaient heureux de reconnaître la large et si aimable hospitalité qu'ils étaient assurés de trouver chez lui au Mans (1).

La *Province du Maine* commença sa publication au mois de janvier 1845 : M. l'abbé Lochet fut l'un de ses plus actifs collaborateurs pendant les cinq années que dura cette revue. Malheureusement les articles ne sont pas signés ; et nous ne

(1) M Lochet fit quelques voyages plus considérables : en Espagne, pour aller à Saint-Jacques de Compostelle ; à Rome, où il fut reçu par le R. P. Lalande, son ami, et en Allemagne à deux reprises différentes. Une première fois, avec M. l'abbé Joubert, custode de la cathédrale d'Angers, il fut à Paderborn, d'où il rapporta à Mgr Bouvier et au chapitre du Mans des reliques de saint Liboire. Il visita aussi dans la même ville le tombeau de Mgr Jouffroy-Gonssans, évêque du Mans, mort en exil pendant la Révolution Une seconde fois, il fit le voyage avec un jeune artiste allemand, attaché pendant, plusieurs années à la fabrique de vitraux peints de M. Lusson, au Mans. Il poussa son excursion jusqu'à Frohsdorff, où il eut le bonheur de visiter l'héritier de nos rois.

pouvons assigner avec certitude ceux que nous devons à ses soins et à son érudition.

Un peu plus tard M. Lemarchand, bibliothécaire de la ville d'Angers, ayant commencé la *Revue du Maine et de l'Anjou*, M. l'abbé Lochet lui promit son concours; et en outre de plusieurs articles de chronique religieuse ou archéologique, il publia en effet dans cette Revue un travail important sur *Saint Vincent de Paul et ses institutions dans le Maine* (1).

Il a donné aussi un article sur *Coulongé* dans la belle publication du baron de Wismes *Le Maine et l'Anjou.* Nous ne saurions oublier non plus qu'ami de M. Cauvin, et, nous le croyons, lié de parenté avec Mme Cauvin, il fut chargé de publier le dernier ouvrage du vénérable auteur de tant de travaux historiques sur le Maine : *Etude sur les Corporations d'Arts et de Métiers dans le Maine.*

Voici la liste des autres ouvrages publiés par M. l'abbé Lochet :

Recherches sur l'histoire des Confréries établies dans le diocèse du Mans avant 1791, in-24 de 275 pages, chez Gallienne, 1848.

La Charité chrétienne en présence du Choléra, in-24 de 272 pages, chez Gallienne, 1850.

Le disciple de Marie, ou petit manuel des principales confréries et dévotions instituées par l'Église en l'honneur de la Mère de Dieu, XXVIII. — 348 pages, chez Gallienne, 1850.

M. Lavergne, colonel du 9e régiment de dragons, in-8° de 18 pages, chez Gallienne, 1853.

---

(1) In-8° de 80 pages, chez Cosnier et Lachèze à Angers. Au mois de juin 1846, M. l'abbé Lochet prenait part à la réunion de la Société française pour la conservation des monuments historiques qui se tint au Mans. Il donna un travail, imprimé dans les *Archives historiques de la Sarthe*, sur le Palais de la Prévôté au Mans, connu aussi sous le nom de maison de la reine Blanche et de la reine Bérengère.

Manuel du pèlerin à Notre-Dame de Torcé, in-24 de XVI — 224 pages, chez Gallienne, 1856.

Notre-Dame de Meurcé. (Extrait de la *Chronique de l'Ouest*), chez Julien, Lanier, Cosnard et Cie, 1858, in-24 de 56 pages.

Aux Pèlerins de Notre-Dame des Marais à la Ferté-Bernard, en la fête du Saint Nom de Marie, 15 septembre 1861, chez Monnoyer, 1861, in-12 de 12 pages.

Notre-Dame des Bois à La Suze, chez Loger, Boulay et Cie, 1862, petit in-12 de 70 pages.

Catalogue des précieuses reliques conservées actuellement et vénérées en l'église paroissiale de Notre-Dame de la Couture, ville du Mans, chez Etiembre et Beauvais, 1859, in-12 de VII — 48 pages.

Vie de Mgr Berneux, évêque de Capse, missionnaire manceau, mort martyr en Corée, chez Leguicheux-Gallienne, 1867, in-18 de 52 pages.

M. Gilles Delamotte, missionnaire manceau, martyrisé en Cochinchine, chez Leguicheux-Gallienne, 1880, in-8° de 44 pages (1).

XI. Sous le rapport littéraire, l'œuvre par excellence de M. l'abbé Lochet fut la publication des dix-neuf volumes de la *Semaine du Fidèle*.

Trois diocèses seulement, Paris, Toulouse et Marseille

(1) Ces ouvrages ne sont pas ordinairement signés par M. l'abbé Lochet ; mais presque tous portent l'épigraphe bien connu qui équivalait à une signature de l'auteur : S. N. D. B. Que le saint nom de Dieu soit béni. Il a donné en 1871 une nouvelle édition de l'excellent ouvrage de M. l'abbé Guillois, *Les épîtres et évangiles du dimanche et des principales fêtes de l'année, avec des réflexions morales et pratiques*, en le corrigeant et le mettant en ordre suivant le Missel romain.

avaient commencé la publication de ces revues hebdomadaires, quand M. Lochet entreprit presque seul, et malgré toutes ses autres occupations, de doter le diocèse du Mans d'une *Semaine religieuse* (1).

Nous ne saurions mieux faire connaître le but et l'utilité de ces publications diocésaines qu'en reproduisant quelques parties de la lettre adressée, le 12 février 1879, par Mgr Sébaux, évêque d'Angoulême, à son clergé, pour recommander la *Semaine religieuse* de son diocèse.

« La *Semaine*, dit-il, relate fidèlement les faits importants « qui regardent l'Eglise, ses consolations et ses douleurs; « les actes et les événements propres au diocèse, dont elle « interroge aussi, de temps à autre, le passé religieux. »

« Cette lecture ne satisfait pas seulement une légitime « curiosité, mais elle présente un intérêt sérieux, souvent « un stimulant propre à développer le zèle et à lui ouvrir des « voies nouvelles. »

« ... A défaut d'un de nos grands journaux religieux qu'il y « aurait assurément avantage supérieur à recevoir, ou comme « complément en ce qui nous touche de plus près, un prêtre « apprendra par la *Semaine* ce qu'il n'ignorerait pas aujour- « d'hui sans un vrai dommage pour sa mission sacerdotale. »

« Comment, en effet, partager les joies ou les tristesses de « l'Eglise, embrasser ou favoriser les œuvres catholiques : « comment combattre les erreurs modernes et en préserver « les âmes; comment publier les grands exemples de vertu « que la Providence fait encore éclater parmi nous, et cons-

(1) Quelques amis, à qui il confia son projet, cherchèrent à l'en détourner en lui montrant combien il serait difficile de soutenir une œuvre pareille. M. Lochet ne se laissa pas décourager, et le succès dépassa ses espérances.

« tater, enfin, par des faits la foi toujours vivante de nos « populations, si toutes ces choses sont inconnues ? »

« Nous désirons autant, sinon plus encore, la diffusion de « la *Semaine religieuse* parmi les fidèles. »

« Ceux-ci par leur situation, ou ne lisent aucun journal, « ou lisent des journaux politiques indifférents à l'égard de « la religion, des journaux mal informés, ou même parfois « des journaux hostiles qui les trompent. »

« Ils sont donc exposés à ne pas savoir ce qu'un chrétien « doit avoir à cœur de connaître, ou à recevoir les impres- « sions malheureuses qu'ils seraient par eux-mêmes inca- « pables de réformer. »

« La *Semaine* mettra sous leurs yeux les actes et les ensei- « gnements du Saint-Siège, les faits de l'histoire contem- « poraine de l'Église, les œuvres créées pour le bien et qui sol- « licitent le concours de tous ; ils y trouveront, relativement « à des récits mensongers, des redressements nécessaires ; « souvent leur confiance, troublée par les événements, sera « fortifiée, et leur piété réjouie par des exemples édifiants. »

C'est précisément le but que se proposa M. l'abbé Lochet en créant la *Semaine du Fidèle* et qu'il s'efforça d'atteindre pendant les dix-neuf années qu'il en eut à peu près seul toute la direction. Aucune œuvre n'est parfaite, et les œuvres de presse moins peut-être que toute autre. Dès la seconde année, il pouvait cependant se rendre le témoignage que son entreprise, forte de la haute approbation de Mgr Fillion, évêque du Mans et soutenue par de nombreuses sympathies avait fait du bien : « Nous avons la confiance, écrivait-il, que notre petit moni- « teur, en portant hebdomadairement au sein des familles « chrétiennes l'annonce des fêtes de la sainte Église et quelques « paroles d'édification a produit un peu de bien. » Nous pouvons ajouter qu'en outre des articles pour l'instruction et l'édification des fidèles, la *Semaine* a publié de nombreux travaux historiques sur le diocèse, et que ce recueil sera un jour consulté avec profit par ceux qui voudront connaître notre histoire contemporaine.

Le compte rendu des œuvres diocésaines, le soin de choisir, soit dans les journaux religieux, soit dans les autres semaines, les articles capables d'intéresser les lecteurs à qui s'adresse plus spécialement cette publication, la nécessité de faire paraître chaque semaine et à jour fixe 24 pages in-8° et le soin même matériel de la correction des épreuves, sont une lourde charge pour un directeur de *Semaine religieuse*. La difficulté de contenter les collaborateurs de bonne volonté qui fournissent des articles ou qui ne rentrent pas dans le cadre de la Semaine, ou trop longs, ou d'une rédaction défectueuse, n'est pas un moindre souci pour le directeur exposé à blesser bien des susceptibilités.

Telle a été l'œuvre de M. l'abbé Lochet pendant près de dix-neuf années, œuvre dans laquelle il a montré la même persévérance que nous avons plusieurs fois signalée dans la notice que nous lui consacrons.

XII. Tant d'œuvres entreprises dans la ville du Mans et courageusement soutenues, malgré tous les obstacles et les déboires, sur lesquels doivent compter ceux qui se dévouent à faire le bien, étaient des liens bien puissants qui attachaient au Mans M. l'abbé Lochet. Nous savons que l'administration diocésaine le fit interroger, avec la plus grande bienveillance et une extrême discrétion, pour savoir s'il accepterait quelques cures importantes qu'on aurait été heureux de lui confier. En dernier lieu, on lui en offrit une dans la ville même du Mans, où il aurait pu, au milieu d'une population peu aisée, exercer un utile ministère, tout en restant chargé des œuvres spéciales qu'il avait fondées. M. l'abbé Lochet témoigna toujours une vive répugnance à accepter la responsabilité d'une cure, et toute son ambition fut de conserver ses fonctions de vicaire dans la paroisse de N.-D. de la Couture, avec la liberté de continuer le bien qu'il avait commencé.

Il avait cependant trop présumé de ses forces. Depuis longtemps sa santé était fortement ébranlée, et le docteur Jules Le Bèle, son médecin et son ami, ne cessait de lui répéter qu'il avait un besoin urgent de se reposer ; et qu'à 60 ans on ne pouvait plus travailler comme il l'avait fait à 30 ou 40 ans.

Plus il était occupé d'œuvres indépendantes de son ministère ordinaire, plus M. Lochet tenait avec une scrupuleuse exactitude à remplir, sans aucune dispense, ses fonctions de vicaire. Après le travail des Pâques de 1881, pendant lequel il ne voulut se donner aucun répit, il éprouva une première attaque d'apoplexie et de paralysie qui causa de vives inquiétudes.

Il était revenu à un mieux relatif, et dans les premiers jours du mois de septembre, il était allé passer quelques jours à N.-D. de Torcé. Le mercredi 7 septembre, après son dîner, une nouvelle attaque d'apoplexie faillit l'emporter : un médecin appelé immédiatement jugea son état assez grave pour qu'on lui administrât le sacrement d'extrême-onction. Il avait perdu toute connaissance et l'on n'attendait que sa mort.

Cependant un peu de mieux se fit sentir et l'on put le ramener au Mans, où il a langui pendant plusieurs semaines, n'ayant pas recouvré l'usage de la parole et pouvant seulement faire comprendre par ses gestes, aux amis qui le visitaient, sa résignation à la volonté de Dieu.

L'état du pauvre malade, qui ne pouvait faire entendre ce qu'il désirait, et sur la physionomie duquel, au milieu d'une profonde tristesse, apparaissaient quelques rayons de son intelligence et de son amabilité ordinaires, était vraiment attristant. Il était impossible de conserver le moindre espoir de guérison en présence d'une paralysie compliquée d'une grave affection du cœur.

La divine Providence a daigné abréger l'épreuve de son fidèle serviteur, et l'appeler à l'éternel repos le matin du 31 octobre 1881. M. l'abbé Lochet était âgé de 63 ans, 5 mois quelques jours.

Sa sépulture a été un éclatant témoignage de toute la vénération qu'on portait au prêtre qui avait travaillé avec tant de zèle à procurer la gloire de Dieu. Pendant les trois jours que son corps resta exposé, de nombreux fidèles ne cessèrent de venir prier auprès de lui et de contempler une dernière fois ses traits si aimés que la mort avait respectés, en leur donnant un nouveau cachet de placidité et de bonté.

L'immense église de Notre-Dame de la Couture parut trop petite pour recevoir les nombreux ecclésiastiques venus de la ville et de tout le diocèse, les laïques de toute condition et les députations des communautés religieuses ou des pensionnats et des écoles accourues pour la cérémonie funèbre. Après l'évangile, M. l'archiprêtre de Notre-Dame de la Couture monta en chaire pour rappeler brièvement toutes les œuvres de zèle ecclésiastique qui avaient rempli la vie de M. l'abbé Lochet. Cette seule énumération était le plus bel éloge qu'on pouvait faire du vénéré défunt et elle toucha profondément ceux qui l'entendirent. Mgr l'évêque du Mans, en témoignage de toute son estime et de ses regrets, assistait à la messe et fit l'absoute solennelle.

Une dernière consolation était réservée aux amis de M. l'abbé Lochet et surtout aux membres du patronage de Notre-Dame du Tertre. Le maire du Mans, sur la demande qui lui avait été faite, avait bien voulu autoriser à faire l'inhumation dans la chapelle de Notre-Dame du Tertre. C'est là qu'il reposera au milieu de ses enfants, continuant à animer de son esprit cette œuvre qui lui était particulièrement chère (1).

(1) Les dispositions testamentaires sont une nouvelle preuve de l'affection que M. l'abbé Lochet portait à cette œuvre du patronage des jeunes gens. N'ayant que des parents fort éloignés, il a établi son légataire universel M. l'abbé Henri Léger, curé du Breil, associé pendant bien des années à la direction de l'œuvre. Entre autres legs, il en fait un de 1.200 francs à la Caisse des retraites, dont il a été pendant longtemps l'un des administrateurs, mais à la charge pour cet établissement de faire acquitter pendant vingt ans douze messes chaque année pour les bienfaiteurs vivants et morts de l'œuvre de Notre-Dame du Tertre.

www.ingramcontent.com/pod-product-compliance
Ingram Content Group UK Ltd.
Pitfield, Milton Keynes, MK11 3LW, UK
UKHW012126240726
13965UKWH00005B/1988